上海市道路养护作业一本通

上海市工程建设质量管理协会　主编

同济大学出版社
TONGJI UNIVERSITY PRESS
·上海·

前 言

近年来，上海积极响应习近平总书记“城市管理应该像绣花一样精细”的号召，深入践行“人民城市人民建，人民城市为人民”的发展理念，将安全生产视为城市管理的重中之重。我们坚持“标本兼治，重在治本”的原则，通过三年治本攻坚行动，在安全理念创新、责任体系构建、规划布局优化、法治环境营造、标准体系建设、科技应用推广、工程安全保障及人员素质提升等方面持续发力，不断夯实城市安全生产的根基，推动安全生产治理体系和治理能力现代化，力求实现高质量发展和高水平安全的和谐共生。

面对道路养护作业特有的复杂性与挑战——施工空间有限、作业点分散、交通环境未中断、紧急响应要求高、作业现场环境复杂、存在交叉作业和高空作业等，每一项都考验着我们的专业素养与应急能力。安全事故的潜在风险如同隐形的链条，稍有不慎便可能引发连锁反应，影响深远。因此，加强安全教育，提升安全意识，掌握必要的安全生产知识与技能，对于每一位道路养护工作者而言，既是责任也是使命。

基于这样的认识与考量，上海市工程建设质量管理协会重新修编《上海市道路养护作业一本通》。本书旨在以简洁明了的语言、生动直观的图文，全面系统地介绍道路养护现场作业安全常识、道路养护作业主要工种安全操作要求、道路养护作业安全布设要求、道路养护突发事件处置流程、常见工伤的急救措施等内容，力求成为每一位工友（一线作业人员）手中不可或缺的安全指南。

我们期待，通过本书的普及与应用，能够进一步增强养护作业人员的安全意识与防护能力，促进“八不伤害”［不伤害自己、不被他人伤害、不伤害他人、保护他人不受伤害、不伤害设备设施、不伤害（破坏）工作环境、不伤害规章制度、不伤害（破坏）安全标识］原则的深入践行，共同织就一张守护城市设施运维安全的坚实网络。

本书旨在提高道路养护企业内部的安全管理水平，提升养护作业工人的安全防范能力，不作为涉及道路养护作业交通事故责任判定标准。

编 者

2024年12月

目 录

1 道路养护现场作业安全常识

本章旨在为道路养护现场作业安全提供指南，全面而精炼地汇总了道路养护现场作业的核心安全常识，阐述了养护作业现场必须遵循的“六大纪律”，以确保每一步操作有章可循；通过“八安八险”安全作业与潜在风险的辩证关系，警醒作业者识别并规避潜在风险；同时，“六大纪律”“五严禁”“六不堆”“八必须”“十不吊”等安全规范，以简明扼要的形式，强化了安全作业的行为准则。

针对不同类型的养护场景，本章解析了桥梁、隧道、普通公路及高速公路等特定环境下的安全常识，以帮助作业人员根据现场实际，灵活采取安全防护措施。无论是控制区的合理设置与管理，还是特殊环境下的作业技巧与应急处理，均有详尽指导，旨在构建全方位、多层次的安全防护网。

1.1 六大纪律

新员工未经三级安全教育、复岗人员未经岗位安全教育，不得上岗；

进入现场必须戴好安全帽，扣好帽带，并正确使用个人劳动防护用品；

2米及以上的高处、悬空作业，无安全设施的，必须系好安全带，扣好保险钩；

高处作业时，不准向下或向上乱抛材料和工具等物件；

半封作业时，应设置安全标志和防护设施，防止社会车辆驶入造成伤害；

作业期间不得离开安全围护区域，不得在压道保护车辆后方作业。

1.2　八安八险

以遵章守纪为安，以违章蛮干为险；

以小心谨慎为安，以逞强好胜为险；

以精力集中为安，以心神不定为险；

以劳保齐全为安，以疏忽遗漏为险；

以防微杜渐为安，以心存侥幸为险；

以现场整洁为安，以堆放杂乱为险；

以事前预防为安，以事后补救为险；

以严格要求为安，以松垮随意为险。

1.3 五严禁

严禁无证上岗；

严禁超速、违规行驶；

严禁违章穿越道路；

严禁无保护上路作业；

严禁违规接电、动火。

1.4 六不堆

路面上不堆；

桥上及桥头不堆；

弯道内侧不堆；

陡坡上不堆；

单行线上不堆；

路肩两边并排不堆。

1.5　八必须

养护作业必须班前交底；

现场作业必须要有带班责任人；

现场作业必须要有安全员；

上路作业必须规范着装；

高处作业必须系好安全带；

电气作业必须使用绝缘装备；

路面障碍物必须及时处置；

上路作业前车辆、设备必须全面检查。

1.6 十不吊

超载或被吊物重量不清不吊；

指挥信号不明确不吊；

钢丝绳不合格或捆绑捆缚不牢不吊；

结构或零部件有影响安全工作的缺陷或损伤不吊；

歪拉斜吊重物不吊；

被吊物上有人或浮置物不吊；

容器内装的物品过满不吊；

重物棱角处与捆绑钢丝绳之间未加衬垫不吊；

埋在地下或凝固在地面的物体不吊；

工作场地昏暗，无法看清场地或暴雨、暴雪、大雾、6级以上大风等恶劣天气不吊。

1.7　养护作业控制区安全常识

道路养护责任大，安全保畅靠大家；
养护安全很重要，作业规程要记牢；
长期短期和临时，还有移动作业区；
养护作业控制区，大家务必心中记；
警告区连过渡区，缓冲区接工作区；
分清过渡上下区，最后不忘终止区；
各区长短不相同，大家务必记清楚；
高速国省分等级，控制区长各不一；
同向布设完成后，不忘对向布置区；
如果封闭来施工，临时便道要畅通；
安全设施须齐全，布设到位且规范；
限速应在警告区，逐级过渡须警示；
交通引导要设立，人员宜在控制区；
过渡区内不放物，控制区外勿占位；
应急处置保畅通，服务大众护安全；
高高兴兴来上班，安安全全回家园。

1.8 桥梁养护安全常识

桥面养护应设置相关的渠化装置和标志，并设专人负责维持交通。

在桥梁栏杆外进行作业时，必须设置悬挂式吊篮等防护设施，作业人员须系安全带。

桥墩、桥台维修时，应在上、下游航道两端设置安全设施，夜间须设置警示信号。

1.9 隧道养护安全常识

作业人员在进入养护现场的时候，必须正确佩戴安全帽。佩戴前应检查安全帽的外观，如果发现安全帽有损伤，不得使用。

高处作业时，安全带应悬挂在高于作业者站立位置而且牢固、可靠的地方，不能打结使用。

凡直接从事带电作业的人员，必须穿绝缘鞋、戴绝缘手套，防止发生触电事故。

从事电（气）焊作业的人员，必须穿戴电（气）焊手套、绝缘鞋、护目镜及防护面罩。

从事有尘、有毒、噪声等有害作业的人员，必须佩戴防尘、防毒口罩和防噪声耳塞等防护用品。

1.10 道路养护安全常识

作业人员进入作业现场前，应接受安全教育、养护作业规程培训；作业前应听取安全技术交底，作业过程中严格执行交底内容。

凡在道路上进行养护维修作业的人员，必须穿着带有反光标志的橘红色工作装；管理人员必须穿着带有反光标志的背心。

养护作业机械应当装饰明显的安全标志，喷涂规定的反光油漆或粘贴规定的反光膜。

应按规定布置养护维修作业控制区，作业控制区应由警告区、上游过渡区、缓冲区、工作区、下游过渡区及终止区组成。

路面养护维修作业必须按作业控制区交通控制标准设置相关的渠化装置和标志，并指派专人负责维持交通。

作业人员必须在作业控制区内进行养护作业，人员上、下作业车辆或装卸物资必须在工作区内进行。

交通引导人员应面朝车辆驶来的方向，站在视线良好的非行车区域里面。

养护维修作业人员不得在作业控制区外活动或将任何物品置于控制区外。

1.11 高速公路养护安全常识

在高速公路上路作业期间，要做好观察瞭望。

作业期间严禁穿越高速公路和离开封道区域。

车辆进出围封区域设置专人指挥交通。交通引导人员应面向来车方向，站在可视性良好的警告区域内。

作业期间，驾驶员应听从现场带班安排，做好封道、压道配合工作；在高速公路上下车时，先观察后方有无来车，确认安全后才能下车。

1.12　消防器材的使用方法

泡沫灭火器：使用时应轻拿轻放，右手捂住喷嘴，左手执筒底边缘，把灭火器颠倒过来呈垂直状态，用劲上下晃动几下然后放开喷嘴。右手抓筒耳，左手抓筒底边缘，把喷口朝向燃烧区，站在火源附近区域喷射，并不断前进，围绕火焰喷射，

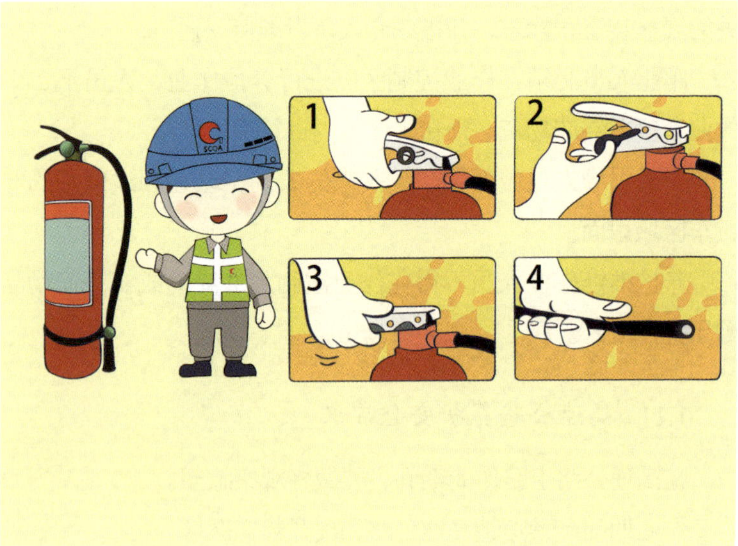

直至火焰熄灭。

干粉灭火器：当发生火灾时，边跑边将筒身上下摇动数次，拔出安全销，保持筒体与地面垂直，选择上风位置接近火点，将皮管朝向火苗根部，左手握着喷管，右手提着压把，在距火焰2米的地方，右手用力压下压把，左手拿着喷管左右摇动，喷射干粉覆盖整个燃烧区。

推车式灭火器：将灭火器推到起火点，一人将灭火阀门打开，另一人将胶管喷嘴枪展开并对准火源根部喷射。

消防栓：打开箱门，取出消防水带，将水带铺设成一条直线，水带一头接在消防栓接口上，另一头接上消防水枪，打开消防栓上的水阀开关，对准火源根部进行灭火。

消防沙：将准备好的沙桶里的沙外撒即可。

2 道路养护作业主要工种安全操作要求

本章旨在为道路养护作业主要工种提供安全操作指南，覆盖从班组长到一线工人的关键工种，确保每位参与者都能深刻理解并遵循安全规范。本章不仅明确了班组长与安全员的领导与监督职责、封道指挥员的现场协调职责，还详细列出了道路巡视、道路养护、桥梁养护、隧道养护、绿化养护、围封布设、防撞车驾驶、机械清扫与洒水、搬运、随车作业、道路保洁、冲水车操作、应急抢修、特种机械操作等工种的安全操作要求，旨在构建全方位、多层次的安全防护网。

本章特别强调了有限空间与登高施工这两大高风险环节的安全注意事项，提醒作业人员必须严格遵守操作规程，采取有效防护措施，预防事故的发生。通过精炼的条目与实用的指导，力求使安全知识触手可及，让每一位道路养护工作者都能将安全意识内化于心、外化于行，共同守护道路安全与畅通，为公众出行保驾护航。

2.1 班组长安全职责

学习生产设备安全装置等安全管理规章制度。

正确穿戴好工作服、反光背心、安全帽（帽带系紧），检查督促作业人员正确穿戴好劳动防护用品。

做好每日工作任务的分配及每日安全交底、应急处置措施、检查记录等。

对车辆、摄像头和GPS定位等设备进行监督和检查。

对现场围封布控进行监督和检查。

对现场安全进行现场管理和监督。

制止、纠正违章指挥、强令冒险作业、违反安全操作规程等行为，同时可以向上级部门举报。

在碰到突发情况时，首先确保自身安全。在采取可能的有效措施后立即撤离现场。同时，执行并落实突发事件报告制度，确保在第一时间逐级上报。

2.2 安全员现场职责

必须参加岗前安全教育培训活动，了解、遵守项目部“安全生产管理规定”，并签订安全生产责任书。

应熟练掌握作业现场围封、布控、穿戴等规章制度和要求。

需掌握当天定点养护施工计划，从施工开始至施工结束，全程对定点施工实行安全生产监管。

需在施工现场，监督和指导各工种作业人员安全工作，掌握施工安全生产情况及动态，提出改进意见和措施。

应坚持“安全第一、预防为主、综合治理”的安全生产方针，发现安全隐患应及时整改。

需对安全围封布设进行监管，督促施工方严格按照要求进行围封。

在施工现场应当穿戴好工作服、安全帽、反光背心，并监督检查现场施工人员规范佩戴安全防护用具，制止各种违章作业、违章指挥等行为。

若发现安全隐患，应按照先处置后上报的原则进行处理，以消除安全隐患、保障施工作业人员生命安全为准则。

若发现隐患无法当场整改，应立即上报有关负责人，责令停工整顿，整顿合格后方可复工。

执行并落实突发事件报告制度，对突发事件要在第一时间逐级上报。

应做好安全记录。

2.3 封道指挥员安全职责

应持有效上路作业证书，穿着工作服，按照规定穿戴安全帽及反光背心。

应手持红旗（夜间手持发光指挥棒）并面向来车方向。

所在位置应与作业车辆保持安全距离。

如遇突发事件，应及时通知后方作业人员，并及时进行躲避。

2.4　道路巡视员安全操作要求

上路巡视应穿着工作服、佩戴工作证，并按有关规定穿着反光衣、佩戴安全帽。

检查车身外观及车内环境，车身应整洁、无变形，车窗玻璃齐全、完好。

检查左右后视镜、内后视镜，检查雨刮器是否工作正常。

检查发动机、水箱、油箱，应无漏油、漏液现象。

检查制动系统。

检查轮胎的磨损、气压等状况。

检查转向灯、制动灯、示廓灯、危险报警灯、前后雾灯，应齐全、完好。

驾驶车辆前应做好充分休息，确保自身状态良好。

驾驶车辆应系好安全带，做好自我保护。

驾驶车辆巡视时应开启警示灯，并在需要时开启警报以提醒社会车辆注意避让。

巡视时，应按规定车速在紧急停车带上行驶。

长时间停车应在车辆后方放警示标志。

长时间驾驶应注意休息，防止疲劳驾驶。

注意天气，提前做好准备，遇雨天、雾天等恶劣天气应减速慢行。

在停车记录时应注意周边情况。

遇到需要下车的情况时，应穿着反光衣、佩戴安全帽，注意周边情况并从车辆的右侧下车。

2.5 道路养护工安全操作要求

作业期间不得离开作业区，不得在压道保护车辆后方作业。

搬运材料要戴好手套，劳动车装运材料要注意重心，防止翘头、车脚扎伤。

材料堆放、机具设备停放要符合规定，废弃物要堆好，翘头钢筋、铁钉要敲弯。

使用锹、镐等工具，前后左右要保持一定的安全距离；使用撬棒，一头要套橡皮管，禁止脚踩。

进行沥、柏类道路养护时，要戴口罩、穿专业工作鞋，皮肤外露部分要涂防护膏，不得将盛有沥青的漆桶放在烘篮上加热。

检查及养护设施时，要设置醒目的安全标志，以便过往的车辆识别。

电焊、接电等特种操作工人必须持证上岗。

施工现场动火必须提前办理施工动火手续。

所有作业人员必须使用具有警示灯和黄色标识的乘用车辆接送进入施工作业区域，严禁人货混装。

应急抢险时，后方必须有压道保护车进行保护。

作业人员开展日常养护作业、应急抢险工作时，在超车道侧时应当从左侧下车，在慢车道侧时应当从右侧下车。

2.6 桥梁养护工安全操作要求

施工现场要有明显的安全标志。高空作业要有牢固的安全设备，严禁操作人员不戴防护用品立在栏杆外侧，只靠手脚攀住栏杆进行操作或倒悬身体进行危险操作。

各种手工具的木柄要装牢，使用时要握紧，防止失手坠落伤人。小工具要放在工具袋内，板头要穿有绳子，使用时绳子绕在手上，防止板头脱落。跳板要放稳、防滑。

桥面作业时，要放置安全护栏等安全设施。车辆多的地方，必须安排专人维持交通，勿使车辆停留，阻塞交通；避免行人驻足观看，防止挤塌栏杆，造成事故。

废旧木料和拆下来的旧模壳板，应及时拔除铁钉（或敲弯）并堆好，防止戳脚。

桥梁养护时，首先要了解架设在桥上的各种管线，并要注意保护公用设施（燃气管、水管、电缆、架空线等）。必要时，事先与有关单位联系，取得配合。

进桥身、台墩内部检查时，必须事先熟悉桥梁结构情况。

作业时先敞开洞门，使空气流通，待内部空气确无异味后，方可入内。在洞内应使用手电筒照明，严禁吸烟。

桥面施工使用空压机、风镐或敲大石块时，必须戴好安全帽和防护眼镜，防止石片击伤。

在预制场扛运水泥构件时，要确保构件与肩部保持平行，同时脚步要协调。使用劳动车、手推车装运材料时，要防止车子翘头和车子轧伤。

养护工程车外出调换标志牌时，车辆要尽量靠边，调换标牌要互相配合好，防止发生事故。

2.7 隧道养护工安全操作要求

必须接受安全技术教育，严格遵守安全操作规程；从事特种作业人员，必须持有效的特种作业操作证。

应身穿反光安全标志服，头戴安全帽。

在养护作业前应接受安全交底。

应乘坐专用车辆前往作业区域，严禁人货混装。

移动作业时，在不布设移动式标志车或防撞缓冲车的情况

下，不得停车和上、下人员，不得进入通行车道。

封闭道路时，作业人员不得走出养护维修作业控制区。

严禁将任何机具、材料或其他物品放到作业控制区外。

在使用作业设备前，应检查设备安全防护装置，确保其有效、可靠，严禁擅自拆卸或移装设备安全防护装置。

应留意作业点位周边设施设备以及作业环境情况，防止缺氧、滑倒、碰撞、高坠、触电、车辆伤害等情况造成人员伤亡。

在开展高处作业、动火作业等特种作业时，应符合有关作业规定要求。

2.8 绿化养护工安全操作要求

施工现场设置好各种醒目的安全标志，上树修剪设置警戒区，施工时要单面施工，禁止两面同时施工，以免影响交通。进行绿化工作时，必须放置各类交通标志。

使用梯子前，须检查是否牢固完好，不牢固不得使用。梯子要用红白漆漆上醒目标记，梯脚要用橡皮包扎。绿化施工工具一律安置在中央隔离带或施工区域内。

上树要穿软底鞋，戴好安全帽、安全带。梯子上端要用绳子扎在树枝上，攀爬树枝时在踏上之前要试踏一下；梯脚要放在路肩上，不准放在路面上，防止梯子打滑倒下伤人。

上树工具要带好，防止落下伤人。树枝锯断欲倒时，左手要把住树枝，并注意下面是否有行人或过路车辆，以防树枝倒

下伤人。树枝倒下时，要派专人指挥。

发现树枝上有架空电线时，应与供电局及有关部门取得联系，在确保安全的情况下才能施工。

遇6级以上大风、下雨、下雪和雾天时，须停止上树操作。防台期间，确需排除路障时，要在保证安全的情况下才能施工。

患有心脏病、高血压、深度近视及其他严重疾病者或年老体弱者，不得安排上树操作。

翻挖枯树时要特别注意自身及交通安全，树段要朝路边倒，并派专人指挥行人及交通，防止倒树砸伤行人及车辆造成事故。

修枝时，梯子与地面夹角要适中，以防止倒塌。要注意风向，并指派专人监护交通，以防止树枝掉在行人或车辆上。

打药人员必须身体健康，孕妇、哺乳期妇女及患有皮肤病、心血管疾病、呼吸系统疾病与对药物过敏的人员，不宜参加打药工作。

药水配方适量，不得过浓，以防伤害人畜。

喷药选择在晴朗无风天进行，雨天、夏季中午天气炎热时不得打药。如有小风应顺风喷射，防止逆风打药导致中毒。风力超过4级不得打药。

操作时要戴好橡皮手套、口罩、防护眼镜等劳保用品。上、下车要注意安全。就餐前要洗手，以防药物中毒。

喷洒药水时要集中注意力，坐稳站好。要单侧喷洒，不准两侧同时喷洒，以免伤人。

遇到路边或附近有蜂箱，应立即停止喷洒药水。

发现沿路有销售熟食品及居民晒物处时，应及时通知对方，在采取措施搬移后方可喷洒操作。

除虫药水要妥善保管，不得随意乱用。工作完毕，应将多余药品全部退库上锁保管好。

搬动树段注意安全，前后招呼，不蛮干，放下时步调一致，防止树段跌落伤人。

2.9　围封布设工安全操作要求

在作业区，要根据现行行业标准《公路养护安全作业规程》JTG H30和《上海市高速公路和快速路养护维修安全作业指南》的相关要求进行操作。

正确穿戴工作服、反光背心、安全帽（帽带系紧）、劳保鞋。

每日做好安全交底。

在确保防撞车就位后方可进行围封作业。防撞车和作业车保持距离不少于50米。

要面对来车方向进行布控。

要始终保持注意力集中，提高安全警觉性。

作业人员不宜过多，一般为2~3人。

要严格按照标准规范的要求进行布控。

撤围封时，先撤终止区、下游过渡区、工作区；撤到离防撞车50~75米，防撞车和施工车掉头，再收警告区、上游过渡区、缓冲区路锥。

严禁穿越机动车道。

碰到突发情况，在确保自身安全的情况下，采取有效措施后撤离，并第一时间报告相关负责人。

制止、纠正违章指挥、强令冒险作业、违反安全操作规程等行为，同时可以向上级部门举报。

2.10 防撞车驾驶员安全操作要求

需具备相关的驾驶证并已通过企业内部培训考核。

严禁酒后上岗，每日岗前应保持充足的休息，避免疲劳上岗。

每班应做好有针对性的安全教育交底工作，驾驶员应在交底记录上签字确认。

所有驾驶员应穿戴统一工作服、反光背心，下车作业时必须戴好安全帽并系好帽扣。

出车时，正确开启车辆警示灯、爆闪灯、箭头指示灯等灯具，有条件的还应开启定向声波喇叭，以警示周围车辆和行人。

驾车时，不得浏览电子设备以及存在其他影响安全行车的行为。

空驶时，在满足道路最低限速要求的情况下，不得超过企业内部限速。

日常行车、作业时，应严格遵守《中华人民共和国道路交通安全法》《上海市道路交通管理条例》以及行业与企业的各项安全行车、作业规章制度，严禁随意变道、倒车、逆向行车、闯红灯、开“斗气车”等违法违规行为。禁止闯黄灯或在信号灯闪烁时加速通过路口等行为。

严格控制防撞缓冲车与前方作业点位的安全间距，一般不小于50米。

应匀速地放下防撞缓冲垫，在操作过程中观察周围环境，避免碰撞到障碍物或人员；收放防撞垫应采用连续的动作，避免间断或者突然的动作使过往车辆受到影响。

防撞缓冲车在输变电电站或高压电线附近要小心使用设备。

行进前应确保防撞缓冲模块已经固定在车辆上。

防撞缓冲车在执行临时定点压道任务时，务必保证车辆手刹拉紧，驾驶员不得随意下车。

移动作业时，必须控制车速，保持安全缓冲间距，减少变道，确保行车安全。

在开放交通的道路上，严禁随意停车。

2.11 机械清扫工安全操作要求

作业前要全面检查确认车辆的安全装置齐全有效，并掌握车辆的性能，确保工作状况完好。水箱水量充足，垃圾箱体内无垃圾。

清扫作业

车辆必须停放平稳，处于驻车制动状态时方可操作举升箱体。

箱体处于举升状态时，清扫车辆不得开动。

升起箱体进入底部作业时必须撑起安全支架，确保操作安全。

作业过程中，要随时注意观察水箱余量，水泵严禁无水空转。

按时冲洗大箱滤网，否则会影响清扫效果。

副机启动运转时，严禁关闭总电源开关。

前往快车道进行清扫作业时，必须在保证行驶安全的前提下逐根变道，快车道作业时不允许在没有压道车的情况下停车。

非作业行走

确认扫刷和吸口已提起到位，且各扫刷均处在收回位置。

电控箱上的电源总开关处在关闭状态。

垃圾箱体处在落下到位状态，后门处在关闭状态。

行驶中要避免突然加速或突然停车。

停车存放

垃圾箱内清洗干净，各扫刷处在提起状态。

车辆停放在规定的安全场所，各操作杆应放在空挡位置，切断电源，拉好手刹，关好车辆门窗。

其他注意事项

在作业中发现水箱缺水，不得马上开启水箱盖，应等水温降低后方可加水。

遇有6级及以上的大风、雷雨、大雪、大雾等恶劣天气，停止作业。

车辆运行时要保持声光信号常开。

2.12 机械洒水工安全操作要求

作业前要全面检查确认车辆的安全装置齐全有效，并掌握车辆的性能，确保工作状况完好。

前期准备

驾驶员必须经过严格的技术及安全培训，熟悉并掌握洒水车的构造、性能、原理、驾驶、维护、保养等技术及安全方法。

持有公安机关交通管理部门签发的机动车驾驶证及车辆行驶证等相关证件，严禁无证驾驶。

穿戴工作服、反光服等防护用品，严禁穿拖鞋等不安全的着装进行作业，下车作业必须正确佩戴安全帽。

每次出车前必须按规定对洒水车进行严格检查，包括发动机、喷水装置、洒水泵、制动系统、转向系统等，确保车辆处于良好状态。

检查连接件是否松动，吸入软管是否有断裂、泄漏和堵塞。

作业过程

按照洒水车启动步骤，正确启动发动机，并确保各项设备正常运转。

在启动或操作工作装置前，观察车辆周围是否有障碍物或人员，确保安全后再进行作业。

严格遵守道路交通管理条例，按照规定的路线和速度行驶，严禁超速、酒驾、疲劳驾驶等违章行为。

洒水作业时，应控制车速和水量，车辆应匀速行驶，保持洒水均匀。

洒水车运行时，注意避让行人和车辆，特别是与行人或车辆交会时，应主动减小或关闭洒水开关，避免将水喷溅到行人身上。

在坡道、弯道、交叉路口等复杂路段行驶时，应减速慢行，严禁空挡滑行或熄火滑行。

车辆空驶时，在满足道路交通最低限速标准下，不得超过企业行车最高限速。

严禁在开放道路内随意停车、走走停停。

若遇紧急情况，如车辆故障、交通事故等，应在安全的区域内停车并采取相应的安全警示措施，同时报告相关部门或领导。

作业结束

完成洒水作业后，关闭洒水泵和发动机，将洒水车停放在指定位置。

对洒水车进行清洗和保养，清除尘土和污渍，保持车辆整洁。

填写运转记录表，记录车辆运转情况、作业时间及地点等信息。

如发现设备故障或安全隐患，应及时向上级报告并记录在案。

其他注意事项

驾驶员应定期接受安全培训，提高安全意识与技能，学习新的安全知识。

严格遵守企业的安全规章制度和操作规程，不得擅自修改或违背安全操作流程。

在洒水作业过程中，注意保护周围环境和设施，避免造成污染或损坏。

2.13 搬运工安全操作要求

穿戴好工作服、安全帽、手套等防护用品。严禁在作业场所嬉戏打闹、吸烟，严禁酒后上班等，严格遵守“十不准”管理制度。

装卸、搬运粉散材料及有毒气散发的物品，应佩戴必要的防护用品。

工作前应认真检查所用工具是否完好可靠，不准超负荷使用。

装卸时应做到轻装轻放，重不压轻、大不压小，堆放平稳，捆扎牢固。

人工搬运、装卸物件应按物件轻重配备人员。杠棒、绳索、推车等工具必须完好可靠。多人搬运同一物件时，要有专人指挥，并保持一定间隔且步调一致。

吊动、堆放物件不可歪斜，高度要适当，对易滑动件要用木块垫塞，不准将物件堆放在安全道内。

用机动车辆装运货物时，不得超载、超高、超长、超宽, 要有可靠措施和明显标志。

装车时，随车人员要注意站立位置；车辆行驶时，不准站在物件和前栏板之间；车未停妥不准上车。

装卸和转运货物应挂规定吊点；起吊装箱件时，应先检查箱体脚底是否牢固完好，按吊线标志吊挂并经试吊确认稳妥后方能起吊。

使用吊车、钢管滚动滑移货物时，要有专人指挥，路面要坚实，绳索套结要找准重心，保持直线行进，有棱角快口部位应设垫衬，卸车或下坡应加保险绳，货物前后和牵引钢丝绳边不准站人。

装运易燃易爆化学危险品时，严禁与其他货物混装，要轻搬轻放，搬运场地不准吸烟。

装卸搬运时，应根据吊位变化，注意站立位置，严禁站在吊物下面，要与板钩保持适当距离且不能站在其正对面。

在高栏板车厢装卸货物，起重驾驶员无法看清车厢内的指挥信号时，应设中间指挥，确保信号传递正确。

2.14 随车工安全操作要求

作业前应确保身体状况良好且适合从事相关工作。

随车出发前应充分了解工作内容，穿戴好劳动防护用品，携带好有关工具。

乘车时应系好安全带，不得将身体任何部分伸出车外，不得向车外抛撒物品，不得有影响驾驶员安全驾驶的行为。

车未停稳时不得上、下车，开、关车门时要注意观察，不得妨碍其他车辆和行人通行。

作业时要遵守各项安全生产法律法规，落实企业安全生产各项规章制度。

发现存在不安全情况时，要主动告知驾驶员或现场负责人。

2.15 道路保洁工安全操作要求

施工前必须进行安全交底，作业时必须穿着带有反光标志的橘红色工作装、头戴安全帽。

边坡保洁时，必须在防撞护栏内行走，不得走出作业区，严禁横穿高速公路。

在围封区域内保洁时，必须在压道保护车的前方开展作业。

作业完成后，垃圾袋应及时装车，无法及时装车的应放置在不影响车辆通行的区域，严禁将垃圾袋放置在车辆行驶区域。

发现无安全保护措施区域内有垃圾时，应及时上报，严禁在没有安全保护措施的情况下进行处置。

应乘坐专用作业人员接送车辆前往作业区域，严禁人货混装。

下车时应从无社会车辆通行侧下车。

2.16 冲水车操作工安全操作要求

洒水车洒水前，取力装置挂挡必须在停车时进行。

洒水车前喷头位置较低，靠近地面，喷洒压力较大，可用于冲洗路面；后喷头位置较高，洒水面较宽，可用于道路施工洒水。使用后喷头时，应将前喷管关闭。

使用水枪进行作业时，冲水车操作员应在确保作业人员已准备完成后才能开启洒水开关，开启前应鸣笛示意。

冲水车水枪枪头要对准进水口或其他作业对象，防止枪头脱手或高压水冲伤行人和其他作业人员。

冲水车向前移动必须通知作业人员。

冲水作业中如遇车辆密集区域，应主动减小或关闭洒水开关，以免造成过往车辆损坏。

行驶中驾驶室必须锁上。

调整前部滚刷应在服务区、收费站等安全区域进行，下车时应穿着工作服、佩戴安全帽。

滚刷使用完毕后应及时收起并进行固定，严禁在未收起并固定滚刷的情况下行驶。

水箱排污管每周至少打开1次，将箱内积存的杂物排出，直至排出的水变清。

加水时应确保加水管连接无误后方可开启水泵加水，加水完成后必须先关闭水泵、再撤除加水管。

加水后应关闭阀门并确认无漏水后再发动车辆进行作业。

2.17 应急抢修人员安全操作要求

必须佩戴好安全防护装备，包括安全帽、防滑鞋、防护手套等。

必须熟悉相关维修设备的使用方法，并定期进行维修设备的维护和保养。

必须严格遵守维修现场的安全规定，禁止擅自更改或调整维修设备。

必须遵循操作规程，不得擅自维修涉及高压电力等危险作业的项目。

在遇到抢修现场的紧急情况时，必须立即报告上级，并按照应急预案进行紧急情况的处理。

在处理紧急情况时，必须保持冷静，不得慌乱，以便采取恰当的措施和救援操作。

在进行维修操作前，必须仔细分析维修的对象、问题和原因，并制定相应的抢修方案。

必须按照维修方案的要求进行细致的检查和测试，在抢修操作中，必须按照操作规程进行操作。

在维修操作完成后，必须及时记录维修过程和维修结果，并撰写维修报告。

必须按照规定的时间和方式进行维修报告的汇报，不得延迟或隐瞒维修结果。

在维修过程中，如发现对抢修对象的操作有误或无法维修，必须停止维修工作，并向上级汇报，以免造成二次损害。

2.18 特殊工种及特种机械操作工安全操作要求

水电工安全操作要求

在作业时必须穿戴好本岗位所发放的劳动保护用品，包括但不限于安全帽、绝缘手套、绝缘鞋等，严禁赤膊、赤脚、穿拖鞋上岗操作。

应定期接受健康体检，确保身体健康，且无严重慢性疾病或心理障碍。

做好检修前工具的检查，确认工具完好安全，禁止使用有缺陷的工具。

了解并熟悉作业环境，检查是否有易燃易爆物品或其他安全隐患，并采取相应的防护措施。

在维修或安装电气设备前，必须先切断电源，并挂上警告牌，验明无电后方可进行工作。除非有特殊要求并穿戴好规定的防护用品，否则严禁带电工作。

两人以上检修时，必须有一人负责指挥，参与者互相配合呼应，确保作业协调一致。

在易燃易爆场所检修前，应事先做好安全防护措施，不准使用电钻和敲击摩擦易产生火花的工具。需要电焊配合工作时，应认真做好防火工作，并办好动火证。

用扳手装卸螺栓、螺母时，要缓慢旋转，防止扳手脱口伤人。锯割水管时，必须用手扶着被锯下来的部分，对较重的水管应用支架支撑。焊接水管时，必须办理动火手续，清理场地易燃物体。

高空作业时，应系好安全带，登高作业使用的工具应装入工具袋内吊送或传递，地面人员应戴好安全帽，并离开施工区域一定距离。在雷雨和大风天气，严禁在架空线路上作业。

发生触电事故时，应立即切断电源，戴上绝缘手套、穿着干燥衣物，用干燥木棒将受害者拉开，并立即进行急救。

当电器发生火警时，应立即切断电源，使用干粉灭火器或干砂扑灭，严禁用水或酸碱泡沫灭火器灭火。

应严格按照操作规程进行作业，不得擅自修改或违背安全操作流程。

应定期接受安全培训，提高安全意识与技能，学习新的安全知识，了解最新的安全法律法规和标准。

电焊工安全操作要求

电焊作业前，需办好动火证；如遇节假日施工，动火审批流程需提级管理。电焊机使用过程中不允许超载，否则将会因过热而烧毁电焊机甚至造成火灾；超载造成绝缘损坏，还可能引起漏电导致触电事故发生。

焊接前应检查焊机设备和工具是否安全，如焊机接地及各接线点接触是否良好，焊接电缆绝缘外套有无破损等。

电焊作业现场至少配置2个3千克以上的灭火器。

电焊作业前应检查作业环境，清除危险有害因素并设置监护人员。当附近有其他人员和设施时，应采用屏护和安全间隔等措施，保证作业安全。在高处焊接作业时，需使用接火斗，同时必须挂好安全带。

更换焊条时，应戴绝缘手套。

电焊机应设置在防雨和通风良好的地方，焊接现场不准堆放易燃易爆物品。

布置在室外的电焊机应设置在干燥场所，并设棚遮蔽。

电焊机的外壳应可靠接地，不得多台串联接地。

电焊机的电源开关应单独设置，直流电焊机的电源应采用启动器控制。

气焊工安全操作要求

气焊工必须持证上岗，作业前必须办好动火审批手续。

作业场地周围应清除易燃易爆物品或进行覆盖、隔离。

必须在易燃易爆气体或液体扩散区施焊时，应经有关部门检试许可后，方可进行。

乙炔瓶上表具必须完好可靠，气管上必须设有防止回火的安全装置。

氧气瓶、氧气表及焊割工具上严禁沾染油脂。

氧气瓶应用热水加热，不准用火烤。与乙炔瓶放置距离不

少于5米，使用距离不少于10米。

乙炔气管用后需清除管内积水。当胶管、防止回火的安全装置冻结时，应用热水或蒸气加热解冻，严禁用火烘烤。

点火时，焊枪口不准对人；正在燃烧的焊枪不得放在工件或地面上。焊枪带有氧气和乙炔时，不准放在金属容器内，以防气体溢出，发生燃烧事故。

不得手持连接胶管的焊枪爬梯、登高。

严禁在带压的容器或管道上进行焊接或切割作业，带电设备应先切断电源。

对贮存过易燃、易爆、有毒物品的容器或管道进行焊接或

切割作业前，必须清除干净，并将所有孔、口打开。

工作完毕后，应将氧气瓶、乙炔瓶气阀关好并拧上安全罩，检查操作场地，确认无着火危险后方可离开。

泵站养护工安全操作要求

作业前必须佩戴好安全帽，穿好工作服。

坚守岗位，严格执行交接班制度和安全生产岗位责任制。

水泵启动前应对关键部件进行检查。

水泵送电前必须先检查电压表工作电压是否正常。

安装完毕后的污水泵应再次检查绝缘、接线情况，确认无误后方可启动。水泵在运转中应无噪声、振动等异常现象。

对于无冷却水套式水泵，应尽量将电机淹没在水中，如电动机长时间露出水面，会因过热而烧毁。

启动水泵后，应检查排水管线是否有异响，并观察电流表和水管出水量是否正常。

水泵工作中应定时检查电流表、电压表、出水量和水仓水位的情况。

应根据水仓水位的情况调节排水管线的阀门，防止淹井和排空事故发生。

发现异常情况，应及时上报主管领导，并做好异常情况记录。

应尽量避免水泵频繁启动和停机，以免电机过热造成损坏，关泵时要注意观察管路回水有无异响。

操作人员必须坚守岗位，不准擅离岗位，更不准随意交给他人看守和启动。

下水道工安全操作要求

作业人员应持证上岗；在进行下水道作业前，需要准备充分的安全设备，如安全带、防滑鞋、安全帽、手套、口罩、护目镜等。

在进行下水道作业前，须进行有限空间作业审批，对设备和工具进行检查和维护，确保其正常运行，并且需要检查下水道的状况是否适合作业。

在进行下水道作业前，需要划分好作业区域，并根据实际情况采取相应的防护措施，如使用隔离带、标识警示牌等。

在进行下水道作业前，须检测气体。在进行清理作业时，要避免接触到有毒化学品和有害气体（如一氧化碳、硫化氢等），防止中毒。

在下水道中进行清理时，要注意防止跌落，须佩戴安全带并准备好其他防滑设备。

在进行下水道作业时，禁止使用明火，并保持清洁，避免引发火灾。

在进行下水道作业时，切勿过度暴露于潮湿环境中，应及时洗手、更换衣物，避免细菌感染。

在进行下水道作业后，须对作业区域进行彻底清理，避免残留物沾染周围环境。

在下水道作业结束后，应对使用的工具和设备进行清洗和维护，并且存放到安全的地方。

在作业结束后，须填写作业报告，记录作业情况和出现的问题，并提交相关部门备案。

混凝土切割机安全操作要求

使用前，应检查并确认电动机、电缆线均正常，保护接地良好，防护装置安全有效，锯片选用符合要求且安装正确。

启动后，应空载运转，检查并确认锯片运转方向正确。升降机构灵活，运转中无异常、异响。一切正常后，方可作业。

操作人员应双手按紧工件，均匀送料，在推进切割机时不得用力过猛。操作时不得戴手套。

切割厚度应按机械出厂铭牌规定进行，不得超厚切割。

加工件送到与锯片相距30厘米处或切割小块料时，应使用专用工具送料，不得直接用手推料。

作业中，当工件发生冲击、跳动及异常声响时，应立即停机检查，排除故障后方可继续作业。

严禁在运转中检查、维修各部件。锯台上和构件锯缝中的碎屑应采用专用工具及时清除，不得用手捡拾或抹拭。

作业后，应清洗机身，擦干锯片，排放水箱余水，收回电缆线，并存放在干燥且通风处。

长期搁置再用的机械，在使用前除必要的机械维修和保养外，必须测量电动机绝缘电阻，合格后方可使用。

手持电动工具安全操作要求

使用刃具的机具，应保持刃磨锋利、完好无损、安装正确且牢固可靠。

使用砂轮的机具，应检查砂轮与接盘间的软垫是否安装稳固，但注意螺帽不得过紧；凡受潮、变形、裂纹、破碎、磕边缺口或接触过油、碱类的砂轮均不得使用，且不得将受潮的砂轮片自行烘干使用。

在潮湿地区或在金属构架、压力容器、管道等导电良好的场所作业时，必须使用双重绝缘或加强绝缘的电动工具。

非金属壳体的电动机、电器，在存放和使用时不应受压、受潮，且不得接触汽油等溶剂。

严禁超载使用。作业中应注意声响及温升，发现异常应立即停机检查。当作业时间过长，机具温升超过60℃时，应停机，待其自然冷却后再进行作业。

作业中，加力应平稳，不得用力过猛。不得用手触摸刃具、模具和砂轮。发现其有磨钝、破损情况时，应立即停机修整或更换，然后再继续进行作业。

机具转动时，不得撒手不管。

履带式起重机安全操作要求

起重吊装的指挥人员必须持证上岗，操作人员按照指挥人员的信号进行作业，当信号不清或错误时，操作人员可拒绝执行。

起重机应在平坦坚实的地面上作业、行走和停放。在正常作业时，坡度不得大于3°，并应与沟渠、基坑保持安全距离。

起重机启动前应重点检查：安全防护装置及指示仪表是否齐全完好，钢丝绳及连接部位符合规定，燃油、润滑油、液压油、冷却水等添加充足，各连接件无松动。

起重机启动前应将主离合器分离，各操纵杆放在空挡位置，并应按照规定启动内燃机。

内燃机启动后，应检查各仪表指示值，待运转正常再接合主离合器，进行空载运转，顺序检查各工作机构及其制动器，确认正常后方可作业。

作业时，起重臂的最大仰角不得超过出厂规定。当无资料可查时，不得超过 78° 。

起重机变幅应缓慢平稳，严禁在起重臂未停稳前变换挡位；起重机载荷达到额定起重量的90%及以上时，严禁下降起重臂。

在起吊载荷达到额定起重量的90%及以上时，升降动作应慢速进行，并严禁同时进行2种及以上动作。

起吊重物时应先稍离地面试吊，在确认重物已挂牢、起重机的稳定性和制动器的可靠性均良好后，再继续起吊。在重物升起过程中，操作人员应把脚放在制动踏板上，密切注意起升重物，防止吊钩冒顶。当起重机停止运转而重物仍悬在空中时，即使制动踏板被固定，仍应脚踩在制动踏板上。

采用双机抬吊作业时，应选用起重性能相似的起重机进行。抬吊时应统一指挥，动作应配合协调，载荷应分配合理，单机的起吊载荷不得超过允许载荷的 80%。在吊装过程中，两台起重机的吊钩滑轮组应保持垂直状态。

当起重机带载行走时，载荷不得超过允许起重量的70%，行走道路应坚实平整，重物应在起重机下前方向，重物离地面不得超过50厘米，并应拴好拉绳，缓慢行驶。严禁长距离带载行驶。

起重机行走时，转弯不应过急；当转弯半径过小时，应分次转弯；当路面凹凸不平时，不得转弯。

起重机上、下坡道应无载行走，上坡时应将起重臂仰角适当放小，下坡时应将起重臂仰角适当放大。严禁下坡空挡滑行。

起重机的变幅指示器、力矩限制器、起重量限制器以及各种行程限位开关等安全保护装置，应完好齐全、灵敏可靠，不得随意调整或拆除。严禁利用限制器和限位装置代替操纵机构。

起重机作业时，起重臂和重物下方严禁有人停留、工作或通过。重物吊运时，严禁从人上方通过。严禁用起重机载运人员。

严禁使用起重机进行斜拉、斜吊和起吊地下埋设或凝固在地面上的重物以及其他不明重量的物体。现场浇筑的混凝土构件或模板，必须全部松动后方可起吊。

严禁起吊重物长时间悬挂在空中，作业中遇突发故障，应采取措施将重物降落到安全地方，并关闭发动机或切断电源后进行检修。在突然停电时，应立即把所有控制器拨到零位，断开电源总开关，并采取措施使重物降到地面。

操纵室远离地面的起重机，在正常指挥发生困难时，地面及作业层（高空）的指挥人员均应采用对讲机等有效的通信联络进行指挥。

在露天且有暴雨、暴雪、大雾、6级以上大风等恶劣天气时，应停止起重吊装作业。雨雪过后，作业前应先试吊，确认制动器灵敏可靠后方可进行作业。

作业后，起重臂应转至顺风方向，并降至40°～60°之间，吊钩应提升到接近顶端的位置；应关停内燃机，将各操纵杆放在空挡位置，各制动器加保险固定，操纵室和机棚应关门加锁。

起重机转移工地，应采用平板拖车运送。特殊情况需自行转移时，应卸去配重，拆短起重臂，主动轮应在后面，机身、起重臂、吊钩等必须处于制动位置，并应加保险固定。每行驶500～1000米，应对行走机构进行检查和润滑。

起重机通过桥梁、水坝、排水沟等构筑物时，必须先查明允许载荷后再通过。必要时，应对构筑物采取加固措施。通过铁路、地下水管、电缆等设备时，应铺设木板保护，且不得在上面转弯。

用平板拖车运输起重机时，所用跳板的坡度不得大于15°；起重机装上车后，应将回转、行走、变幅等机构制动，并采用三角木楔紧履带两端后再牢固绑扎；后部配重用枕木垫实，不得使吊钩悬空摆动。

单斗挖掘机安全操作要求

单斗挖掘机的作业和行走场地应平整坚实，对松软地面应垫以枕木或垫板，沼泽地区应先作路基处理或更换湿地专用履带板。

轮胎式挖掘机使用前应支好支腿并保持水平位置，支腿应置于作业面的方向，转向驱动桥应置于作业面的后方。采用液压悬挂装置的挖掘机，应锁住两个悬挂液压缸。履带式挖掘机的驱动轮应置于作业面的后方。

平整作业场地时，不得用铲斗进行横扫或用铲斗对地面进行夯实。

挖掘岩石时，应先进行爆破。挖掘冻土时，应采用破冰锤或爆破法使冻土层破碎。

挖掘机正铲作业时，除松散土壤外，其最大开挖高度和深度不应超过机械本身性能规定。在拉铲或反铲作业时，履带距工作面边缘应大于1.0米，轮胎距工作面边缘应大于1.5米。

作业前，应查明施工场地明、暗设置物（电线、地下电缆、管道、坑道等）的地点及走向，并采用明显记号标示。严禁在距离电缆1米以内的区域进行作业。

作业前重点检查项目应包括照明、信号及报警装置等齐全有效，燃油、润滑油、液压油符合规定，各铰接部分连接可靠，液压系统无泄漏现象，轮胎气压符合规定。

启动前，应将主离合器分离，各操纵杆放在空挡位置，并应按照规定启动内燃机。

启动后，接合动力输出，应先使液压系统从低速到高速空载循环10～20分钟，无吸空等不正常噪声，工作有效，并检查各仪表指示值，待运转正常再结合主离合器进行空载运转，顺序操纵各工作机构并测试各制动器，确认正常后方可作业。

作业时，挖掘机应保持水平位置，将行走机构制动住，并将履带或轮胎揳紧。

挖掘悬崖时，应采取防护措施。作业面不得留有散岩及松动的大岩石，当发现有塌方的危险时，应立即处理或将挖掘机撤至安全地带。

作业时，应待机身停稳后再挖土。当铲斗未离开工作面时，不得作回转、行走等动作。回转制动时，应使用回转制动器，不得用转向离合器反转制动。

作业时，各操作过程应平稳，不宜紧急制动。铲斗升降不得过猛，下降时不得撞碰车架或履带。

斗臂在抬高及回转时，不得碰到洞壁、沟槽侧面或其他物体。

向运土车辆装车时，宜降低铲斗，减小卸落高度，不得偏装或砸坏车厢。在汽车未停稳或铲斗需越过驾驶室而司机未离开前不得装车。

作业中，当液压缸伸缩将达到极限位时，应动作平稳，不得冲撞极限块。

作业中，当需制动时，应将变速阀置于低速位置。

作业中发现挖掘力突然变化时，应停机检查，严禁在未查明原因前擅自调整分配阀压力。

作业中不得打开压力表开关，且不得将工况选择阀的操纵手柄放在高速挡位置。

履带式挖掘机在作业中作短距离行走时，主动轮应在后面，斗臂应在正前方与履带平行，制动住回转机构，铲斗应离地面1米。上坡道不得超过机械本身允许最大坡度，下坡应慢速行驶。不得在坡道上变速或空挡滑行。

轮胎式挖掘机行驶前应收回支腿并固定好，监控仪表和报警信号灯应处于正常显示状态，气压表压力应符合规定，工作装置应处于行驶方向的正前方，铲斗应离地面1米。长距离行驶时，应采用固定销将回转平台锁定，并将回转制动板踩下后锁定。

当在坡道上行走且内燃机熄火时，应立即制动并揳住履带或轮胎，待重新发动后方可继续行走。

机械运行中，严禁接触转动部位和进行检修。在修理（焊、铆）工作装置时，应使其降到最低位置，并应在悬空部位垫上垫木。

配合机械作业的清底、平地、修坡等人员，应在机械回转半径以外工作。当必须在回转半径以内工作时，应停止机械回转并制动。

作业后，挖掘机不得停放在高边坡附近和填方区，应停放在坚实、平坦、安全的地带，将铲斗收回平放在地面上，所有操纵杆置于中位，关闭操纵室和机棚。

保养或检修挖掘机时，除检查内燃机运行状态外，必须将内燃机熄火，并将液压系统卸荷，铲斗落地。

利用铲斗将底盘顶起进行检修时，应使用垫木将抬起的轮胎垫稳，并用木楔将落地轮胎揳牢，之后再将液压系统卸荷，否则严禁进入底盘下工作。

叉车安全操作要求

使用叉车前，需仔细阅读叉车上所有的安全标牌所示的安全规范，只有经过专门培训并通过认证考核且取得资格证书的人员才能驾驶操作叉车。

使用前应围绕叉车进行巡回检查，定期检查叉车的动作、油水密封、零部件连接、结构件的变形和润滑情况。

擦干净底板、脚踏板和操作杆上的油脂和水。

无论何时发生故障，都必须将叉车停下，悬挂“故障”或“危险”标志于车上，并取下钥匙，同时报告管理人员。

操作人员必要时戴头盔、穿工作鞋和工作服。

绝对禁止任何火源接近蓄电池，以免发生爆炸。

叉车在封闭空间工作时，应确保有足够的通风口，必要时应安装排风扇。

叉车运行过程中，严禁上、下车。

叉车应停在平地上并拉上手刹；若必须停在坡道上，一定要用楔块塞垫住车轮。

检查作业区的路面、洞口、陡坡、障碍物凸起点以及有可能引起失控、颠簸等事故的路况。清除垃圾、碎片及可能刺破轮胎的异物，以避免叉车失去平衡。

登高车安全操作要求

现场使用登高车前，操作人员必须接受专业培训并通过合格认证。未经培训或认证不合格的人员，严禁擅自操作。

现场登高车使用移动过程中必须有专人引导。起步前，检查车辆前后左右是否有人和障碍物，鸣笛示意。

车辆移动过程中一定要注意周边环境、人员及设备，谨慎操作，每一步操作前必须进行检查。

登高车使用前必须检查制动系统和转向系统的可靠性。

行驶过程中不允许上、下登高车。

不允许在登高车作业平台上再放置登高作业工具。

在使用过程中发现有任何异常情况应立即停止使用，及时向上级汇报并进行检查。

不允许超出平台边缘或站立在护栏上进行作业。

不允许非作业人员乘坐登高车，任何人不得在工作区域以外乘坐登高车。

登高车使用过程中不允许发生起升后再前进后退，必须降至行驶位置再开始行驶操作。

使用登高车时，必须确保车辆停放在坚固且平稳的地面上，不得在斜面及非车辆通行的区域使用。

当风力超过6级时，登高车必须停止使用。

当操作区域视线模糊、光线不清时，应停止操作。除非采取相关措施保证工作区域有良好的能见度后方可继续操作。

工作区域有管道及其他设备时，应保证有足够的安全距离。

使用登高车作业时必须系扣好安全带，严禁不系安全带进行作业。

作业区域应做好警示标识及隔离，禁止非施工人员进入登高车作业区域。

服用对反应能力有影响的药物及饮酒后不得操作登高车。

进行高空作业时，登高车旁必须配备一名应急监护人。监护人应对登高车作业区域内各种风险进行监控并及时提醒操作人员。

不得将登高车作为起重设备使用。

作业过程中严禁超出登高车承载范围及能力。

登高车开启状态下，操作人员不得随意离开登高车。

登高车使用结束后，应按规定停放，不得随意停靠。应与工程师协调好摆放位置，不得堵住生产通道和应急通道，也不得挡住车间及厂区内的消防和应急设施。

2.19 有限空间安全注意事项

必须严格实行作业审批制度，人员持证作业，严禁擅自进入有限空间作业。

必须做到工作区域有人陪同监管。

必须做到“先通风、再检测、后作业”，严禁通风、检测不合格作业。

必须配备个人防中毒、窒息等防护装备，设置安全警示标识，严禁无防护监护措施作业。

必须制定应急措施，现场配备应急装备，严禁盲目施救。

2.20 登高施工安全注意事项

高处作业人员必须身体健康，有饮酒、精神不振时，禁止登高作业。

进行高处作业时，应佩戴好具有缓冲器的五点式安全带、安全帽等，严格按照操作规程作业。

高处作业人员不得攀爬脚手架或栏杆，严禁投掷工具、材料等。

高处作业人员与地面的联系应由专人负责，并配有无线通信设备。

移动脚手架时，作业人员不得停留在脚手架上。

高处作业人员应注意身体重心，注意用力方法，防止身体重心超出支撑面而发生事故。

不得在高处作业点下方行走或逗留，防止落物伤人。

3 道路养护作业安全布设要求

本章旨在为道路养护作业安全布设提供指南，全面覆盖高速公路、一级公路、城市道路、隧道地道及越江大桥等多元化交通环境的养护作业安全布设要求。在快速发展的交通网络中，道路养护不仅是保障道路畅通无阻的基础，更是维护公众出行安全的关键环节。本章以精炼的语言和直观的图表，系统阐述了各类道路养护作业中的作业区域划分、交通组织方案、作业控制区布置及个人防护装备配置等核心内容。

本章依据国家、交通运输部、上海市以及市道路主管部门颁布的相关养护施工安全技术规范、条例、管理办法等，并结合各参编单位综合养护施工资源及多年从事公路、市政道路养护施工所积累的丰富安全生产经验进行撰写。

3.1 高速公路、一级公路

四车道公路封闭车道或封闭路肩的养护作业，以设计速度100千米/小时为例，作业控制区布置如图所示。

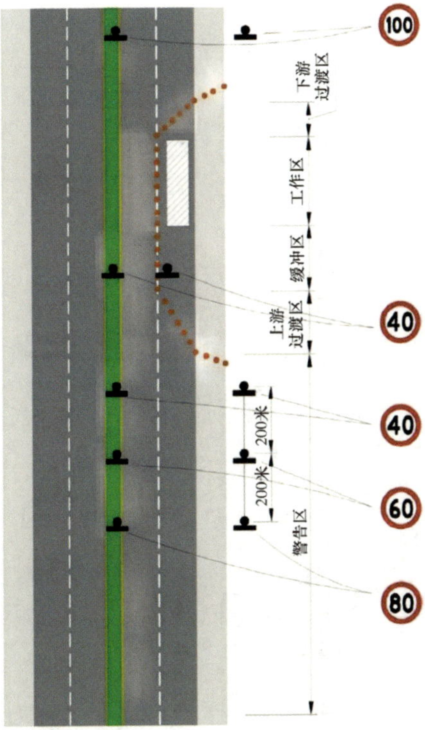

注：40千米/小时为限速值；60千米/小时和80千米/小时为限速过渡值；100千米/小时为原路段限速值，也可用40千米/小时；下同。

六车道及以上公路养护作业封闭中间车道时，宜同时封闭相邻一侧车道，并应布置2个上游过渡区，其最小间距不应小于200米。在交通量大路段养护作业，不能同时封闭相邻车道时，宜采取必要措施加强现场交通管控。以设计速度100千米/小时为例，作业控制区布置如图所示。

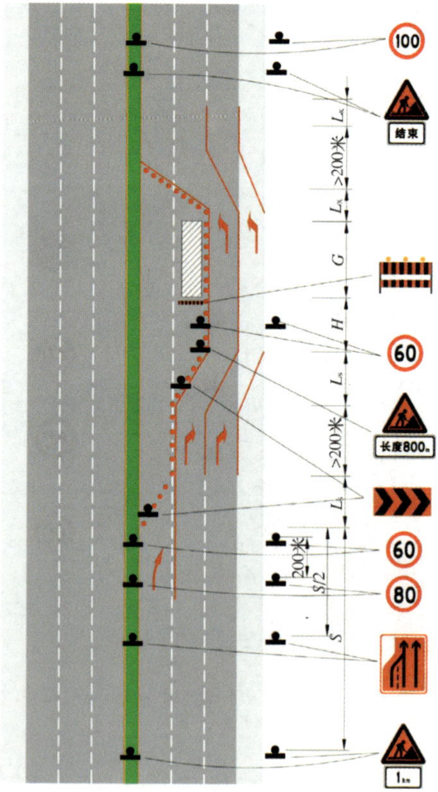

借用对向车道通行的养护作业，应结合中央分隔带开口位置，利用靠近养护作业一侧的车道通行，双向车道都应布置作业控制区。借用车道双向通行分隔宜采用带有链接的车道渠化设施，并应在前一出口或平面交叉口布设长大车辆绕行标志。以设计速度100千米/小时为例，作业控制区布置如图所示。

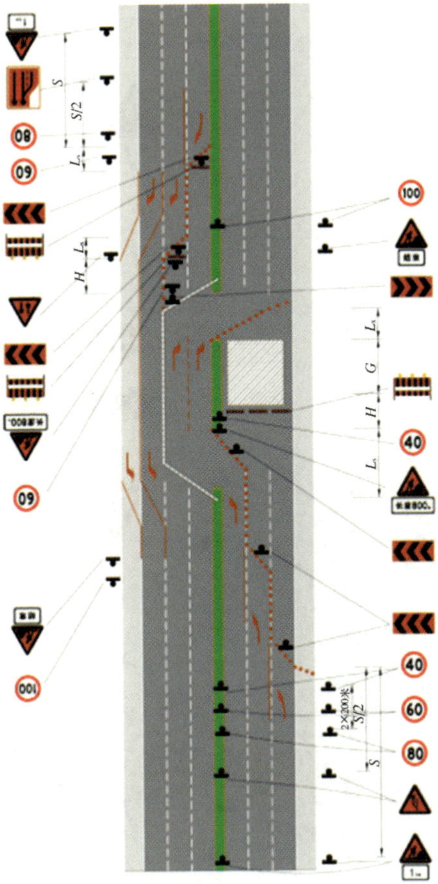

立交出、入口匝道附近及匝道上养护作业控制区布置，应根据工作区在匝道上的具体位置而定。匝道养护作业警告区长度不宜小于300米。当匝道长度小于警告区最小长度时，作业控制区最前端的交通标志应布设在匝道入口处。以设计速度100千米/小时为例，作业控制区布置如图所示。

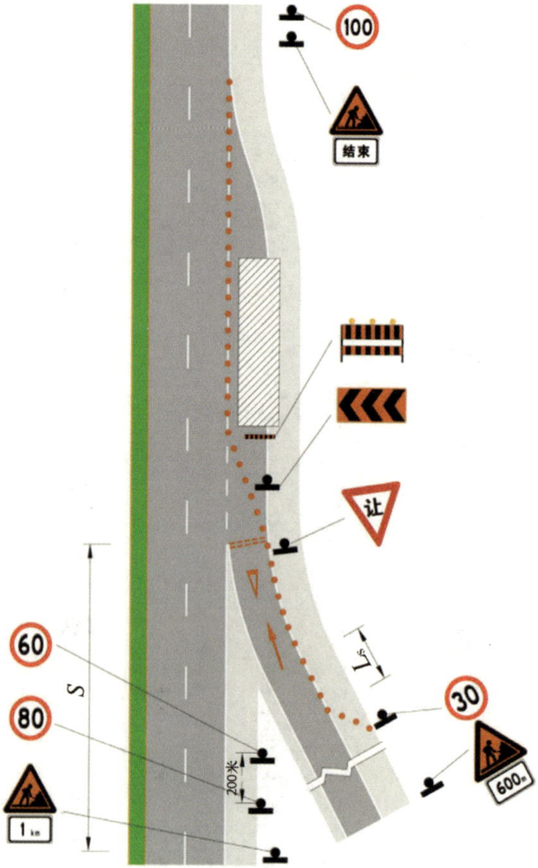

临时养护作业控制区布置可采用单一限速控制，警告区长度宜取长、短期养护作业警告区长度的一半，但应配备交通引导人员。当布设移动式标志车时，可不布设上游过渡区。以设计速度100千米/小时为例，作业控制区布置如图所示。

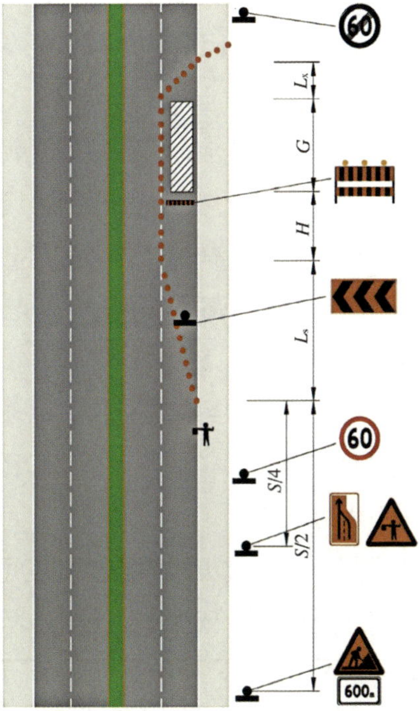

3.2 城市道路

城市道路布设基本要求

① 机动车道养护维修作业控制区

养护维修作业控制区应由警告区、上游过渡区、缓冲区、工作区、下游过渡区及终止区组成。

· 警告区设置

快速路全封闭养护维修作业的警告区和上游过渡区内至少包含2个出口匝道，其他情况下警告区长度不小于1000米。

主干道、次干道和支路养护维修作业的警告区为上游交叉口停止线位置至上游过渡区的路段。

· 过渡区设置

上游过渡区设置：当需要封闭车道时，必须设置上游过渡区。快速路上或其他道路上工作区不在交叉口范围的上游过渡区最小长度应按下表选取。

下游过渡区设置：下游过渡区的最小长度可根据道路实际情况设置，快速路非全封闭情况下最小长度宜为30米。

限制车速（千米/小时）	20	30	40	60
缓冲区的最小长度(米)	10	20	50	85

· 缓冲区设置

除下列情况外,缓冲区的最小长度宜按上表选取：当工作区在隧道内时，缓冲区最小长度应取表中数值的1.5倍。内环以内地面道路的缓冲区最小长度可根据作业方式设置。

· 工作区设置

工作区应根据养护维修作业的实际需要确定。

· 终止区设置

终止区的长度可根据作业方式设置，快速路非全封闭情况下的最小长度宜取30米。

② 非机动车道养护维修作业控制区

· 非机动车道和机动车道间无物理隔离设施时,非机动车道的养护维修作业控制区布置应按照机动车道的养护维修作业控制区布置。

· 非机动车道应至少留出2米宽供非机动车通行，上游过渡区和缓冲区长度根据作业方式设置，不设警告区、下游过渡区及终止区。

· 非机动车道宽度小于2米、人行道宽度大于3米时，非机动车可借用人行道通行，上游过渡区和缓冲区长度根据作业方式设置，不设警告区、下游过渡区及终止区。

· 非机动车道宽度小于2米、人行道宽度小于3米时，非机动车可借用机动车道通行，非机动车道的养护维修作业控制区布置应参照机动车道的养护维修作业控制区布置。

· 工作区应根据养护维修作业的方式和范围确定。

③ 人行道养护维修作业控制区

· 人行道可留出1米宽供行人通行时,上游过渡区长度可根据作业方式设置，不设警告区、缓冲区、下游过渡区及终止区。

·人行道不能留出1米宽供行人通行、非机动车道宽度不小于3米时，行人需占用非机动车道通行，人行道的养护维修作业控制区布置应按照非机动车道的养护维修作业控制区布置。

·人行道需要进行全封闭施工且不能占用非机动车道时，应在作业控制区上游设置人行引导标志，引导行人利用其他人行通道。

·工作区应根据养护维修作业的方式和范围确定。

道路养护维修作业控制区布置

养护维修作业控制区布置应考虑养护维修作业的内容与要求、时间和周期、交通环境等因素。作业控制区内交通标志的设置必须合理、前后协调，起到引导车流平稳过渡的作用。

作业控制区上游因道路线形造成视距不良时，应增设施工标志等安全设施。

工作区应设置工程车辆专门的进口和出口，出入口应设在顺行车方向的下游过渡区内，并应有专门人员对进出的车辆进行指挥。

应利用道路上的可变信息板显示“前方××公里封闭车道施工，限速××”的信息。在快速路养护维修作业控制区上游至少含有2个或2个以上出口匝道的路段范围内的可变信息板上显示养护维修作业信息，并在相关网站上发布养护维修作业信息。

警告区内应设置施工标志、限速标志等，可设置减速带。

上游过渡区内应设置闪烁箭头灯、作业警示灯等。

缓冲区内应设置路栏等。

临时定点作业应配备专用防撞车或具有碰撞缓冲功能的车辆和装置。移动作业的机械保洁车辆必须具有闪烁箭头灯，在车辆尾部安装具有碰撞缓冲功能的装置。

机动车道进行养护时，机动车不宜占用非机动车道或人行道通行。

在有医院、公安和消防等相关部门出入口的道路上进行养护维修作业时，必须考虑进出车辆的通畅和安全。在附近有学校出入口的道路上进行养护维修作业时，必须加强安全防护措施。

快速路养护维修作业控制区布置

需封道的养护维修作业，应发布封道信息。

作业控制区的布置应与出口匝道位置相结合，并封闭全封闭养护维修作业区域内的所有入口匝道。

临时定点养护维修作业时，可适当简化作业控制区的布置，但应设置交通锥、警告标志、红蓝频闪灯等设施，并应在上游过渡区内设置移动式标志车，标志车后部还应配置闪烁箭头灯、回转风扇灯等警示设备及简易式防撞装置。

移动养护维修作业时，可适当简化作业控制区的布置，作业车辆尾部应配置闪烁箭头灯、回转风扇灯等警示设备，或在

作业车辆上游设置移动式标志车，其尾部配置闪烁箭头灯、回转风扇灯等警示设备及简易式防撞装置。

主干道养护维修作业控制区布置

在警告区内应设置施工标志、限速为40千米/小时的限制速度标志和车道封闭标志等；在上游过渡区起点至下游过渡区终点之间应设置交通锥或路栏；在缓冲区与工作区交界处应布设路栏或防撞桶。作业控制区内其他安全设施可视具体情况而定。

需要改变车流方向时，养护维修作业控制区的布置可与中央分隔带的开口位置相结合。

半幅路或全幅路封闭时，除应根据作业方式参照相关规定设置养护维修作业控制区外，还应在相应的位置设置禁止进入标志和道路绕行方向标志。

临时定点养护维修作业应设置施工标志以及交通锥，并应在上游过渡区内设置移动式标志车或配备交通指挥人员，其他安全设施可根据作业方式设置。

移动养护维修作业时，可适当简化养护维修作业控制区的布置。

次干道养护维修作业控制区布置

在警告区内应设置施工标志、限速为30千米/小时的限制速度标志和车道封闭标志等；在上游过渡区起点至下游过渡区终点之间应放置交通锥或路栏；在缓冲区与工作区交界处应布设路栏或防撞桶。

机动车道养护维修作业控制区的设置可参照主干道养护维修作业控制区的设置方法，但在不设置分隔带的道路上，须设置安装有作业警示灯的施工隔离墩或路栏，将养护维修工作区同非机动车及机动车相隔离。

非机动车道和人行道养护维修作业控制区的设置可参照主干道养护维修作业控制区的设置方法，但在不设置分隔带的道路上，须设置安装有作业警示灯的施工隔离墩或路栏，将养护维修工作区同非机动车及行人相隔离。

非机动车和行人共同使用的车道在养护维修作业时，应至少保留2米宽度供行人和非机动车共同使用。

非机动车道和人行道养护维修作业在占用机动车道的情况下，养护维修作业控制区可参照次干道机动车养护维修作业控制区布置。

支路养护维修作业控制区布置

在警告区内应设置施工标志、限速为20千米/小时的限制速度标志或车道封闭标志等；在上游过渡区起点至下游过渡区终点之间应放置交通锥或路栏；在缓冲区与工作区交界处应布设路栏。

机动车道养护维修作业控制区的设置可按照主干道养护维修作业控制区布置，但在不设置分隔带的道路上，须设置安装有作业警示灯的施工隔离墩或路栏等，将养护维修工作区同非机动车及机动车相隔离。

非机动车道和人行道养护维修作业控制区布置可参照主干道养护维修作业控制区布置，须设置安装有作业警示灯的施工隔离墩或路栏将养护维修工作区同非机动车及行人相隔离。

非机动车和行人共同使用的车道在养护维修作业时，应至少保留2米宽度供行人和非机动车共同使用。

非机动车道和人行道养护维修作业在占用机动车道的情况下，养护维修作业控制区可参照次支路机动车养护维修作业控制区布置。

桥梁养护维修作业控制区布置

桥梁养护维修作业控制区按照连接道路的相应等级所要求的养护维修作业控制区进行布置。

工作区在桥梁下坡段时，上游过渡区起点应从桥面最高处之前开始布置。

大型桥梁养护维修作业控制区布置

特大桥进行养护维修作业时，宜封闭1条车道。当为单向三车道时，封闭部分的宽度最大不宜超过2条车道。

中小桥梁养护维修作业控制区布置

中小桥梁进行养护维修作业时，应依照该桥梁所连接道路情况进行作业控制区布置。

过街天桥养护维修作业控制区布置

在过街天桥桥面进行养护维修作业时，宜封闭一半桥面。

在过街天桥楼梯进行养护维修作业时，宜全封闭天桥楼梯。

隧道及下立交养护维修作业控制区布置

隧道入口前和下立交入口前必须设置施工标志、限速标志、限高标志和限宽标志。

隧道和下立交养护维修作业控制区必须满足隧道照明标准要求。

隧道养护维修作业应将作业控制区所在车道的车道灯标示为“车道关闭”或“×”。

隧道养护维修作业可利用语音信息向车辆驾驶人告知隧道内作业情况。

隧道与快速路相连时,应用隧道上游的快速路上的信息情报板发布隧道养护维修作业的信息。当情报板距离隧道超过2千米时，应加设相关信息提示标志。

平面交叉口养护维修作业控制区布置

平面交叉口范围内养护维修作业时，交叉口视距三角形范围内不得有任何高于1.2米或妨碍视线的物体。

平面交叉口养护维修作业时，应考虑行人和非机动车的通行。

与养护维修作业交叉口相连的各上游交叉口进口道和出口道处均应设置养护维修作业相关信息交通标志。

3.3 隧道和地道

养护作业区按照道路的相应等级要求进行布置。

入口前必须设置施工标志、限速标志和限宽标志。

养护作业应将作业区所在车道的车道灯标示为“车道关闭”或“×”。

养护作业可利用情报板、广播等向车辆驾驶人告知隧道内作业信息。

工作区位于隧道内且工作区距洞口小于1千米时，应将警告

区和上游过渡区设于洞口外。

工作区位于隧道内且工作区距洞口大于1千米时，应从洞口起设置警告区，并在警告区内增设施工警告标志等安全设施。

工作区位于隧道口时，应将警告区和上游过渡区设于洞口外。

作业区安全设施及其设置与撤除应符合国家、行业及本市有关规定。

安全设施的设置与撤除作业人员应接受安全技术教育，严格遵守各项安全技术操作规程，作业前接受安全交底，应确保身体状况良好且适合从事本项工作。

安全设施的设置与撤除车辆出车前应进行检查，满足安全技术性能要求；安全设施不全或者机件不符合技术标准等具有安全隐患的机动车不得上路作业。

3.4 越江大桥

长期、短期和临时养护维修作业应布置警告、上游过渡、纵向缓冲、工作、下游过渡和终止等区域；移动养护维修作业应在缓冲区内布设移动式标志车。

养护维修作业控制区最终限速值及预留行车宽度应按下表设置。

设计车速（千米/小时）	最终限速值（千米/小时）	预留行车宽度（米）
80	40	3.50
60	30	3.25

养护维修作业控制区长度：快速路养护维修作业警告区的最小长度为1000米；每封闭一条车道，上游过渡区的最小长度为 90米；纵向缓冲区最小长度为 85米。

长期养护维修作业控制区的布置：①长期养护维修作业的施工标志应从警告区起点开始布设，在 S、$3/4S$、$S/2$、$S/4$、

$S/8$ 位置处布设；限速标志宜布设在警告区的不同断面处，一般布设在 $S/2$、$S/4$、$S/8$位置处，交通流量大的路段可根据需要增设（S为警告区长度）。②长期养护维修作业的警告区内需按规定划设道路渠化标线和导向标线，并在适当位置设置强制减速设施。

短期养护维修作业的施工标志应从警告区起点开始布设，在 S、$S/2$、$S/4$ 位置处布设；限速标志宜布设在警告区的不同断面处，一般布设在 $S/2$、$S/4$ 位置处，交通流量大的路段可根据需要增设（S为警告区长度）。

短期养护维修作业应在上游过渡区或缓冲区上游布设移动式标志车。

快速路临时养护维修作业时，应布设防撞缓冲车；快速路移动养护维修作业时，应布设移动式标志车。

当作业机械配备符合要求的闪烁箭头灯、车辆闪光灯和语音提示设施时，可不布设移动式标志车。桥梁养护维修作业控制区按照连接道路的相应等级要求的养护维修作业控制区进行布置。

桥梁养护作业时应加强车辆限速、限宽和限载的通行控制。经批准允许通行的危险品运输车辆，应引导通过。

养护作业影响桥下净空时，应在越江大桥下方道路上布设施工标志、限高及限宽标志，并做好施工洒落物防护工作。

养护作业占用下方道路路面时，越江大桥下方道路应布置养护作业控制区。

桥梁养护作业影响桥下通航净空时，应按有关规定布设标志及安全设施。

中、小桥和涵洞养护作业应封闭整条作业车道为工作区，纵向缓冲区终点宜止于桥头。

工作区起点位于桥梁上坡段时，应按相应等级道路的养护作业控制区进行布置，并在桥头上游布设施工标志。

工作区起点位于桥梁下坡段，且距桥坡顶小于500米时，纵向缓冲区起点应提前至桥梁坡顶，并在桥头布设施工标志。

工作区起点位于桥梁下坡段，且距桥坡顶大于或等于500米时，应按相应等级道路的养护作业控制区进行布置，并在桥头布设施工标志。

4 道路养护突发事件处置流程

本章旨在为道路养护突发事件应急处置提供指南，内容覆盖交通突发事件处置流程、生产突发事件处置流程、卫生健康突发事件处置流程、火灾突发事件处置流程、恶劣天气处置流程、路面塌陷处置流程、管线突发事件处置流程、化学危险品泄漏及倾翻处置流程、有限空间突发事件处置流程。道路养护过程中时常会出现各类突发事件，这些事件不仅会影响道路畅通，还可能对公众的出行安全构成威胁。

本章以精炼的语言，系统阐述了各类突发事件采取的不同应对措施和处置流程。以人民为中心，牢固树立安全发展理念，坚持预防为主、防治结合的原则，全面提高道路养护突发事件应急处置能力，最大限度地减少人员伤亡和财产损失，确保道路安全畅通。

4.1 交通突发事件处置流程

接社会联动报警

交通监控员接到社会联动报警后，应立即通知值班长。

值班长接到通知后组织抢险队伍赶赴现场。

值班长指挥抢险队伍做好现场安全围封，并对信息首报的内容进行确认后上报给上级领导以及中控室。

抢险队伍对突发事件现场进行勘查，将现场信息准确反馈至中控室，同时明确救援队伍（120、119、吊车等）。

值班长指挥抢险队伍做好现场清理，并实时续报现场信息。

值班长判定现场交通开放条件，对信息终报内容进行确认并上报。

值班长指挥抢险人员、设备车辆撤离现场。

视频巡查平台发现

交通监控员视频巡查发现事故时，应第一时间通知交警和抢险队伍，并通知值班长出发前往现场。

交通监控员对突发事件收集到的首报内容进行确认并完成电话口报、快报。

交通监控员收集并完成各平台的信息上报。

交通监控员根据现场需要请求社会帮助，通知120、119、吊车等救援。

交通监控员根据现场的反馈及现场救援情况完成续报。

交通监控员接值班长指令完成终报。

4.2 生产突发事件处置流程

发生生产突发事件时，现场人员应在第一时间通知相关负责人与中控室，并在确保自身安全的情况下，立即组织人手维持现场秩序，对现场进行临时围封，有序疏散围观人员，采取防止危害扩大的必要措施。

现场负责人接到报告后，应立即赶往事故发生地点。

中控室对首报信息内容进行确认，并立即向企业相关部门和领导汇报。根据初步评估的事故现场人员伤亡情况或可能造成的直接经济损失，启动相应的应急预案。同时，通知应急救援抢险队伍，并利用设施配套监控等技术手段，对事故现场进行远程监控和指导。及时、如实做好资料与信息收集工作，完成各平台的信息首报。

现场负责人与响应层级的领导到达突发事件现场后，应根据应急预案确认救援总指挥，立即组织现场人员进行自救，并及时将相关信息反馈给中控室，完成续报工作。

在情况较为危急（如受伤人员急需医疗救治、人员受困无法脱困）或凭自身能力无法完成应急救援任务时，应及时向上级单位和有关部门（医院、消防）求援，并积极配合完成救援工作。

现场总指挥根据救援现场的处置结果进行研判，确认事态已得到控制、影响已消除后，可宣布预警解除。现场总指挥在确认信息终报的内容后，由中控室上报平台。

4.3 卫生健康突发事件处置流程

值班人员在接到内部管理人员报告的卫生健康突发事件时，应立即通知值班长并安排抢救队伍赶赴现场进行人员救治。同时，根据现场需要请求社会帮助，通知120、119等救援。

值班长对卫生健康突发事件进行应急处置，并对事件发生或发现时间、地点、事件类型、已造成人员伤亡情况、伤病员检伤分类、初步诊断的内容进行确认后上报给上级领导。

值班长指挥应急救援队伍做好人员送医，并对其余人员进行现场隔离观察，同时实时续报现场信息。

值班长判定卫生健康突发事件等级，对信息终报内容进行确认并上报；同时由上级领导第一时间向属地卫生健康行政部门报告信息。

值班长指挥抢险人员、设备车辆撤离现场。

4.4 火灾突发事件处置流程

火灾突发事件发生后，应迅速上报，将突发事件的简要情况向相关单位和部门报告。

立即组织力量扑救，利用消防设施进行灭火，监控消防

设施运作情况；火灾现场救援人员要注意自身安全，采取防护措施。

引导被困人员疏散至安全地带。

立即疏导交通为应急救援车辆提供通行保障，并设置警戒标志，防止车辆、人员进入危险区域。

服从消防救援机构统一组织和指挥。

火灾扑灭后，及时清理现场，确保通行安全。

及时补充所耗物资，确保应急物资储备完整；开展火灾突发事件应急处置总结及评估，以便不断改进和优化应急响应措施。

4.5 恶劣天气处置流程

值班长

通知应急队伍待命，准备设备、物资。

通知牵引在道口待命。

对应急队伍开展安全交底。

按响应级别要求开展设施全覆盖巡视。

根据值班领导要求，配合应急抢险队伍作业，处理现场情况。

收集应急出动信息，包括人员、车辆、物资等。

在天气空窗期开展设施隐患排查，同时记录并上报应急出动信息。

监控员

转发预警信息。

更改情报板。

确认值班人员。

完成平台响应。

确认值班人员到岗签到。

观测智能感知设备监测数据。

记录并上报应急出动信息（人员、车辆、物资）。

对应急出动数据进行汇总统计。

4.6 路面塌陷处置流程

接社会联动报警

值班人员接到社会联动报警后，应立即通知值班长。

值班长接到通知后组织抢险队伍赶赴现场。

值班长指挥抢险队伍做好现场安全围封，并对信息首报的内容进行确认后上报给上级领导以及中控室。

抢险队伍对事件现场进行勘查，将现场信息准确反馈至中控室，同时明确救援队伍(120、119、吊车等)。

值班长指挥抢险队伍做好现场清理，并实时续报现场信息。

值班长判定现场交通开放条件，对信息终报内容进行确认并上报。

值班长指挥抢险人员、设备车辆撤离现场。

视频巡查平台发现

值班人员视频巡查发现突发事件时，应第一时间通知交警和抢险队伍，并通知值班长赶往现场。

值班人员对事件收集到的首报内容进行确认并完成电话口报、快报。

值班人员收集并完成各平台的信息首报。

值班人员根据事件现场需要请求社会帮助，通知 120、

119、吊车等救援。

值班人员根据现场的反馈及现场救援情况完成续报。

值班人员接值班长指令完成终报。

4.7 管线突发事件处置流程

接社会联动报警

值班人员接到社会联动报警后，应立即通知值班长。

值班长接到通知后组织抢险队伍赶赴现场。

值班长指挥抢险队伍做好现场安全围封，明确管道破坏类型：

· 给水管线破坏；

· 电力线缆破坏；

· 通信线缆破坏；

· 燃气管线破坏；

· 热力管线破坏；

· 雨、污水管线破坏。

抢险队伍对现场进行勘查，将现场信息准确反馈至中控室，同时明确救援队伍(120、119、吊车等)，并通知管线权属单位，共同进行处置。

值班长指挥抢险队伍做好现场清理，并实时续报现场信息。

值班长判断管线是否修复完毕并进行加固处理，避免二

次破坏。由管线权属单位协助研判现场是否留有安全隐患。在判定现场交通开放条件后，值班长对信息终报内容进行确认并上报。

值班长指挥抢险人员、设备车辆撤离现场。

视频巡查平台发现

值班人员视频巡查发现突发事件时，应第一时间通知交警和抢险队伍，并通知值班长赶往现场。

值班人员对突发事件收集到的首报内容进行确认并完成电话口报、快报。

值班人员收集并完成各平台的信息首报。

值班人员根据现场需要请求社会帮助，通知 120、119、吊车等救援。

值班人员根据现场的反馈及现场救援情况完成续报。

4.8 化学危险品泄漏及倾翻处置流程

当发生危险品泄漏或倾翻时，应立即启动应急预案。

发生危险品泄漏或倾翻后，应迅速上报，将突发事件的简要情况向相关单位和部门报告。

危险品泄漏时，若单位具备处置能力，应由专业人员尽快采取措施，控制泄漏源，减少泄漏量，防止泄漏物扩散；危险品倾翻时，应做好防护检查并根据现场情况采取进一步

处置措施。

抢险队伍引导被困人员疏散至安全地带。

抢险队伍应立即疏导交通为应急救援车辆提供通行保障，并设置警戒标志，防止车辆、人员进入危险区域。

抢险队伍应服从专业救援机构统一组织和指挥。

危险品泄漏、倾翻处置完成后，抢险队伍应根据专业救援机构指示，开展现场清理或有序疏通。

及时补充所耗物资，确保应急物资储备完整；开展危险品泄漏、倾翻应急处置总结及评估，以便后续作业的持续改进。

4.9 有限空间突发事件处置流程

现场监护人员观察到作业人员行为异常（如慢慢昏倒等）且每分钟例行的喊话没有回应时，应立即启动应急处置。

现场监护人员应迅速尝试与作业人员取得联系。如果没有得到回应，则应立即派人前去查看并采取救援。同时，应报告作业应急领导小组，对事故的可能范围和潜在扩散风险进行初步分析，并拨打120急救电话。

医疗救护报警要点：报警人单位、姓名以及电话号码，受伤害的地点以及到救护地点的最佳行驶路线，中毒人的人数与状况（包括中毒原因等有利于救护的各种情况）。

抢险人员必须穿戴必要的劳动防护用品（呼吸器、工作服、工作帽、手套、工作鞋、安全绳等），系好安全带，以防止抢险救援人员受到伤害。在至少2名监护人员的监督下方可实施营救。

救援人员进入有限空间后，一旦发现受伤人员，应小心地将其抬上担架并迅速转移至安全区域。在转移过程中要特别注意不要影响伤员的呼吸，并避免触碰受伤部位。

在抢险过程中，有限空间内的抢险人员与外部的监护人员应保持通信联络的畅通，并事先约定好明确的联络信号。在抢险人员安全撤离前，监护人员不得离开监护岗位。

中毒人员被救出后，应急处置小组应立即组织人员将其转移到阴凉且通风良好的地方，并根据中毒人员的具体伤情采取适当的救护措施。

预先安排应急车辆待命，以应对可能的人员伤亡情况，确保能够迅速响应，提供即时的应急交通支持，并跟进后续的处理工作。同时，全力协助医护人员进行救治工作，提供所需的一切便利和支持。

在应急响应解除后，项目部应按照既定的处置程序，对突发事件进行详细的评审并根据评审结果实施必要的持续改进措施。同时，以书面形式（包括书面报告、录像资料和照片等）上报备案。

5 常见工伤的急救措施

本章旨在为道路养护作业中常见的工伤提供急救指南，内容全面且精炼，涵盖了道路养护现场可能遇到的多种工伤情况，如出血、骨折、中暑、溺水、烧伤、压埋、火灾、触电、中毒等。这些措施的目的是在工伤发生后防止伤情进一步恶化，减少对伤员的进一步伤害，并将工伤带来的损失降到最低。

现场急救的目标是在工伤发生后尽快进行救护，以挽救生命、减轻伤害。本章针对不同类型的工伤，详细解析了相应的急救方法，指导作业人员根据现场情况灵活应对。其目的是确保作业人员的生命安全和身体健康，提升他们应对严重工伤的能力，减少工伤带来的损害。

5.1 各类急救电话

报警110、火警119、急救120、交通事故122、电话查询114。

5.2 出血急救

对于小创口出血，可先用冷开水冲洗，再用干净毛巾或其他软质布料覆盖包扎。

对于呈喷射状或有鲜红血液涌出的出血，用清洁手指压迫出血点上方（近心端），使血流中断。

对于较大的肢体动脉出血，先用软布片或伤员的衣袖等垫在止血带下面，再扎紧止血带，以恰好使肢端动脉搏动消失为宜。

严禁用电线、铁丝、细绳等作为止血带使用。绑上止血带后，每隔30~60分钟放松一次，一次放松3~5分钟，直到无大量出血为止。

5.3 骨折急救

肢体骨折可用夹板或木棍、竹竿等将断骨上下两个关节固定，以限制骨折部位移动。

开放性骨折伴有大出血者，要先止血再固定，切勿将外露的断骨推回伤口内。

颈椎可能受伤时，先让伤员平躺，再把沙土垫放置在头部的两侧固定颈部。

腰椎骨折时，应将伤员平卧在硬木板上，并将腰椎躯干及两侧下肢一同进行固定，以预防瘫痪的发生。

在搬运伤员时，应多人合作，保持动作平稳，避免扭曲或转动伤员。

5.4 中暑急救

将患者移到通风、阴凉、干爽的地方，让其平卧并脱去多余衣物。

用冷水或稀释的酒精擦拭患者身体，或用冷水浸湿的毛巾、冰块放在患者颈部、腋窝等处，并使用电风扇等加快空气流通。

对于意识清醒或经过降温后清醒的患者，可给予一些解暑的饮品或药物，如绿豆汤、淡盐水、人丹、藿香正气水等。

若中暑患者已失去知觉，可掐人中或按压相关穴位使其苏醒。若呼吸停止，应立即实施人工呼吸。

对于重症中暑患者，必须立即送医院诊治。在搬运患者时，应使用担架。

5.5 溺水急救

根据溺水者被救上岸后的状态，采取相应的急救措施：

· 清醒、有呼吸：呼叫120，陪伴在溺水者身边，保持其体温，等待救援人员或送医院观察。

· 呼叫无反应，但有呼吸：呼叫120，清理口鼻中的异物，稳定侧卧位，防止误吸，等待120。

· 无反应、无呼吸：立即清理口鼻中的异物，并按照“A－B－C”的顺序进行急救，即：开放气道（A）、人工呼吸（B）、胸外按压（C），同时呼叫120，并持续进行心肺复苏。

心肺复苏

将溺水者翻成仰卧姿势，放在坚硬的平面上。将溺水者头部仰起，打开气道，确保呼吸无阻。

观察溺水者胸部是否有起伏，或用脸颊贴近溺水者的鼻子和嘴巴，感受是否有呼吸。如果溺水者没有呼吸，应立即进行人工呼吸。

人工呼吸

用手指捏住溺水者鼻翼，深吸气后，与溺水者口对口，在不漏气的情况下，先连续大口吹气2次，每次1~1.5秒。如两次吹气后检测颈动脉仍无搏动，可判断心跳已经停止，此时应立即进行胸外心脏按压。

胸外心脏按压

站立或跪在溺水者的一侧，肩部位于溺水者胸骨的正上方。双臂伸直，肘关节固定不弯曲，双手相叠，手指翘起，手掌根部放在溺水者心窝上方、胸骨下半部分。掌根用力垂直向下挤压，使胸肋部下陷3~5厘米，然后迅速放松。按压频率应保持在每分钟80次左右。

每进行30次胸外心脏按压后进行2次人工呼吸，如此为一个循环。每完成5个循环后，检查一次呼吸和心跳，直至溺水者恢复呼吸和心跳。

5.6 烧伤急救

电灼伤、火焰烧伤、高温蒸汽或水烫伤均应保持伤口的清洁，并用清洁布片或消毒纱布覆盖。

强酸或碱灼伤应立即用大量清水彻底冲洗伤口，时间不少于10分钟，并迅速将被腐蚀的衣物剪去。

未经医务人员同意，灼伤部位不宜涂抹任何东西和药物。

在送医院途中，可给伤员多次少量口服自制糖盐水。

5.7 压埋自救

被压埋时，尽量用湿毛巾、衣物或其他布料捂住口、鼻和头部。

用周围可以挪动的物品支撑物体上方的重物，避免进一步塌落。

小心地扩大活动空间，确保有足够的空气。

寻找和开辟逃生通道，设法逃离险境，朝着明亮、安全且宽敞的地方移动。

若无法自行脱险，要尽量保存体力。如有食品和水，要节约使用，尽量延长生存时间，等待救援。

5.8 火灾逃生

在任何时间、地点，一旦发现起火要立即停止作业，并迅速拨打119报警。

火灾袭来时要迅速疏散逃生，不要贪恋财物。

尽量用浸湿的衣物披裹身体，用湿毛巾或湿布捂住口鼻，或贴近地面爬行。

身上着火时，可就地打滚，或用厚重衣物覆盖压灭火苗。

5.9 触电急救

发现有人触电时，应立即呼救，并迅速切断电源开关。

尽快使触电者脱离电源。如果断开电源有困难，不得直接接触触电人员，可用干燥的木棍等绝缘物体拨开触电者身上的电线或带电体。

检查伤者是否有脉搏跳动，如果没有脉搏，必须立即进行胸外心脏按压。

观察伤者的胸部是否有起伏，或用脸颊贴近伤者的鼻子和嘴巴，感受是否有呼气。如果呼吸停止，必须马上进行人工呼吸。

5.10 中毒急救

将窒息人员从危险地点转移出来。

对于密闭空间内因缺氧导致窒息的情况，救援人员在进入施救之前应先强制通风换气，确保空间内部空气新鲜。

在电缆沟、排污井、排水井等地下沟道内可能产生有毒气体的地点，救援人员在施救前应先进行有毒气体检测（可通过有毒气体检测仪、小动物试验、矿灯等方法），确认安全或者现场有防毒面具的情况下正确戴好防毒面具后再进入进行施救。

救援人员在做好自身防护措施后，将窒息人员救离受害地点，转移到地面以上或通风良好的地点，等待医务人员的到来或在医务人员未到场的情况下进行紧急救助。

附录　道路养护作业安全事故解析

一、某市公路管理局组织了100名养护工人进行公路养护作业。上午8时，养护工人开始进行路面清扫、修补等作业。上午10时，一辆养护车辆在行驶过程中突然失控，与一辆小型客车发生碰撞。事故造成养护车辆驾驶员及小型客车驾驶员受伤，小型客车乘客死亡。

【事故分析】

1. 养护车辆驾驶员疲劳驾驶。事发当天，养护车辆驾驶员连续工作10小时。疲劳驾驶是事故发生的主要原因。

2. 养护车辆超载。车辆超载会显著降低其在行驶过程中的稳定性，从而大幅增加发生交通事故的风险。

3. 养护作业区域警示不足。事故发生时，养护作业区域警示标志不明显，导致驾驶员未能及时发现养护作业区域，从而发生碰撞。

4. 养护作业人员安全意识不强。事故发生时，养护作业人员未按照规定穿戴安全防护用品，增加了事故发生的风险。

【事故教训】

施工单位应按照规定设置明显且规范的安全警示标志和安全防护设施。这样做可以有效地提醒过往车辆和行人注意施工区域，从而减少交通事故的风险，保障施工人员和公众的安全。

二、陈某驾驶小型轿车行驶至某市一大道下段时未确认安全（观察不足且向右偏移），与正在进行道路养护施工但未按规定设置安全警示标志和安全防护设施的某公司管理工作人员毛某相撞。事故导致车辆受损，被撞人毛某经医务人员确认当场死亡。

【事故分析】

1. 陈某驾驶机动车在道路上行驶时未确认安全（观察不足且向右偏移）的行为，对发生交通事故所起的作用以及过错的严重程度是造成事故的原因，承担事故相应责任。

2. 某公司在道路上养护施工时未按规定设置安全警示标志和安全防护设施的行为，对发生交通事故所起的作用以及过错的严重程度是造成事故的同等原因，承担事故同等责任。

3. 毛某不承担事故责任。

【事故教训】

应定期对养护作业人员进行安全培训，提升养护作业人员的安全意识和操作技能。

三、在某国道西线高速公路上发生了一起严重交通事故。当时，重型半挂牵引车的驾驶员莫某在驾车变更车道时，遇到了施工作业单位未按照养护操作规程正确设置现场施工安全设施、未做好相关安全防护工作的情形。由于这些安全措施的缺失，小型客车驾驶员杨某在驾车行驶过程中无法及时避让，导致与莫某驾驶的重型半挂牵引车发生碰撞。该起事故造成客车上2名乘客不幸身亡，客车驾驶员杨某受伤。

【事故分析】

该施工作业单位安全生产主体落实不到位，其管理站站长孙某拆卸高速路护栏未向道路主管部门及公安机关交通管理部门报批同意，未指导作业人员按照相关规定规范设置警示牌和安全防范措施，造成事故发生，应负事故责任。

【事故教训】

应加强对施工安全的监督检查，确保各项安全措施落实到位。

结束语

为了上海道路行业的发展，你们离开温馨的家园，投身于养护工作的最前线，辛勤劳作。你们的努力不仅实现了个人的美好生活，也为上海的道路安全建设作出了重要贡献，更是国家复兴伟大征程中不可替代的一环。在此，衷心地向每一位作业人员说一声：感谢您，您辛苦了!

希望本书能帮助各位作业人员预防安全事故，避免人身伤亡的发生，助力道路养护作业安全生产。请各位作业人员为了自己和家人，珍爱生命，安全生产，平安工作，快乐回家!

图书在版编目（CIP）数据

上海市道路养护作业一本通 / 上海市工程建设质量管理协会主编. -- 上海 : 同济大学出版社, 2025. 3.
ISBN 978-7-5765-1528-2

Ⅰ. U418

中国国家版本馆CIP数据核字第2025JE0359号

上海市道路养护作业一本通

上海市工程建设质量管理协会　主编

责任责编　朱　勇
责任校对　徐逢乔
装帧设计　陈益平

出版发行　同济大学出版社　www.tongjipress.com.cn
（地址：上海市四平路1239号　邮编：200092　电话：021-65985622）
经　　销　全国各地新华书店
印　　刷　上海丽佳制版印刷有限公司
成品规格　130mm × 203mm　1/32
印　　张　3.5
字　　数　78 000
版　　次　2025年3月第1版
印　　次　2025年3月第1次印刷
书　　号　ISBN 978-7-5765-1528-2
定　　价　36.00元